GENÜSSE, TRADITION, GLÜCKSMOMENTE

Der liebe Gott muss einen besonderen Tag gehabt haben, als er das Allgäu erschuf: dieses zauberhafte Zusammenspiel von Berg und Tal, Seen und Flüssen, das satte Grün der Wiesen und Weiden. Wer hier lebt, schätzt sich zu Recht glücklich.
Dieses Buch nimmt euch mit auf eine Reise in das Königsdorf Schwangau und seine Umgebung. Wir besuchen Menschen, denen der Genuss wichtig ist, die Wert darauf legen, dass die Lebensmittel, die sie verarbeiten, möglichst aus der Region stammen, der Jahreszeit entsprechen. Sie achten aufs Tierwohl, bereiten Speisen achtsam zu, verwöhnen ihre Gäste.
Doch es geht in „Schwangau tischt auf!“ nicht nur um Kulinarik. Es zeigt, wie Traditionen wach gehalten werden (auf dem Foto seht ihr die geschmückten Pferde beim Colomansritt), wie kreativ Menschen sind, lässt Mystik spüren, erzählt Geschichten über die Schlösser Neuschwanstein und Hohenschwangau. Es ist eine Einladung, dieses bayrische Paradies genussvoll kennenzulernen.

INHALT

8 | Die 3 Damen von der Alm
Christine, Doris und noch eine Christine sind Expertinnen in Sachen Käse

12 | Das Geheimnis des Schlossbäckers
Wichtigste Zutaten in Josefs Backstube: Zeit und Liebe

14 | Ein Kuchen aus unseren Kindertagen
Backe, backe Kuchen – und zwar aus gelbem Sprudel, der so schmeckte

16 | Es grünt so grün
Köstliches aus dem Gesundheitshotel von Moni und Timo Steiger

20 | GUCK MAL, WIE SCHÖN ES HIER IST
Eine kleine Tour durch Schwangau und seine schmucke Umgebung

22 | Der Garten ist ihr Seelenplatz
Ein Besuch „Beim Elle" und im grünen Paradies von Nicole

26 | Zu Gast im Helmerhof
In diesem Familienbetrieb zaubert Corbinian als Küchenchef

30 | Loblied auf Annas Tortentraum
Anna tischt eine Musiktorte und König-Ludwig-Plätzchen auf

34 | Im Reich der eiskalten Verführung
Carmelo, ein italienischer Gelatiere, verwöhnt mit seinem Schokoeis

36 | Im Wandel der Zeiten
Richard Müller führt das Erbe des geschichtsträchtigen Familienhotels fort

40 | BERGGEISTER LÜFTEN IHRE SCHLEIER
Hohenschwangau – auf diesem Schloss fühlte sich Ludwig II. daheim

42 | Blütenkekse und Blumenträume
Was für eine tolle Tafel: Steffi, Anika und Sandra laden zum Kaffee ein

46 | Hier wird der Genuss gekrönt
„Das König Ludwig" ist eine Oase zum Durchatmen und Schlemmen

50 | WIR SIND DIE FANTASTISCHEN DREI
Rosina, Gabriel und Franz geben Tipps für Kinder, die hier urlauben

WAHRZEICHEN St. Coloman, das barocke Gotteshaus, liegt außerhalb des Dorfes

52 | Das Schlaraffenland ist geöffnet
Ein Ort, an dem man bleiben möchte: das Café von Steffi und Margit

58 | DIE TAFEL DES MÄRCHENKÖNIGS
Was liebte Ludwig II. besonders? Was wurde ihm serviert?

62 | Elena backt das süße Glück
Ach, liebe Elena, dein Schwangauer Sommerzeitkuchen ist ein Traum!

64 | Auf den Wellen des Atems
Bitte genau hingucken: Anja gibt Yogakurse auf dem Forggensee

68 | Beim Landhannes
Conny und ihre Familie behandeln ihre Tiere voller Respekt

70 | Hopfen und Malz, Gott erhalt's
Sophie, Küchenchefin im Schlossbrauhaus, kocht uns eine Bergkäsesuppe

72 | Diese Tropfen schickt der Himmel
Michael Schroll zeigt seine hochprozentige Schatzkammer in luftiger Höhe

78 | Köstliche Grüße vom See
Einer der idyllischsten Plätze für Genießer: das Hotel „Gasthof am See"

82 | VON RÄUCHERN UND RAU(CH)NÄCHTEN
Es geht um den Zauber der 12 Nächte zwischen dem 26.12. und 6.1.

84 | Diese Hühner sind gern auf Achse
Wenn es dem Federvieh gut geht, legt es auch Eier, die schmecken

86 | Heute machen wir Picknick
Die besten Plätze in und um Schwangau und was wir mitnehmen

90 | Genüsse für Gourmets
„Das Rübezahl" hat eine Küche, die zu den Sternen greift

94 | So fühlt sich Heimat an
Die Liz führt mit ihrer Familie ein Hotel, backt. Ihr Hobby: Trachtennähen

98 | EIN FRÜHER MORGEN UNWEIT DES SCHLOSSES
Von der tiefen Freude, ein guter Hirte in der Natur zu sein

102 | Adressen
104 | Rezeptregister
106 | Weitere Bücher
107 | Impressum

Hier geht's um den Käse!

Die drei Damen von der Alm

Mut steht am Anfang und Glück am Ende – „Stimmt", sagen die Schwestern Christine und Doris. Doch beginnen wir von vorn: 28 Jahre arbeitete Christine Schneidberger im Einzelhandel, Doris Tschabi ganze 32 Jahre. Als das Elternhaus von Christines Mann renoviert werden sollte, kam den Schwestern eine Idee: Wäre klasse, wenn wir hier unsere Käse Alm hätten. So trafen sich die beiden mit Sepp Krönauer, Käsevisionär und Begründer der Schönegger Käse Alm. „Wir redeten, planten, tranken ein bis zwei Bier, am nächsten Tag stand fest: Wir wagen das!", erinnert sich Christine. Mit Leidenschaft gehen sie in ihr Geschäft, verkaufen circa 35 Käsesorten, Joghurt, Topfen, selbst gebackenen Kuchen. Kostprobe auf der nächsten Seite! Und: Die zwei Damen haben „Nachwuchs" bekommen: Christine, Doris' Tochter, und ein tolles Verkaufsteam gehören heute zur Schwangauer Käse Alm.

Was für ein Käse!
4 FRAGEN UND 4 ANTWORTEN

Kommt euer gesamter Käse aus dem Allgäu?
„Ja, er stammt aus unserer Heimat, dem Allgäu."

Ist Käse laktosefrei?
„Ja, die Laktose baut sich durch den natürlichen Reifungsprozess ab. Die Zeitspanne ist ganz unterschiedlich, liegt in der Regel zwischen 3 und 6 Monate. Doch wir haben auch Bergkäse, der bis zu 24 Monaten reift."

Besteht euer Käse aus Heumilch?
„Auch hier ein klares Ja! Unsere Bauern lassen ihre Wiesen richtig reifen, fördern die Artenvielfalt. Bis zu 50 verschiedene Kräuter stehen so auf dem Speiseplan ihrer Kühe, die uns die Milch für die Produktion schenken. Auch erfordert die hohe Pflanzenvielfalt weniger Dünge- und Pflanzenschutzmittel."

Wie bewahre ich Käse am besten auf?
„Wir haben ein spezielles Papier, mit dem wir den Käse für unsere Kunden einpacken, darin hält Schnittkäse bis zu 14 Tage und Hartkäse sogar bis zu drei Wochen, bitte den Käse im Kühlschrank aufbewahren."

Käsekuchen im Topfenrausch

DU BRAUCHST

FÜR DEN TEIG

- 300 g Mehl
- 100 g Zucker
- 200 g Butter
- 1 Prise Salz
- 1 Eigelb
- ¼ Schale gerieben, von einer Bio-Zitrone

FÜR DIE FÜLLUNG

- 1000 g Topfen
- 300 g Zucker
- 50 g Puddingpulver, Vanille
- 4 Eier
- ¾ Schale gerieben, von einer Bio-Zitrone
- Etwas Vanille
- 600 ml Milch
- 100 g Butter

SO GEHT'S

Alle Zutaten für den Teig zu einem Mürbeteig verkneten, zur Kugel formen, in Klarsichtfolie wickeln und für 30 Minuten in den Kühlschrank geben.
Teig auf einer bemehlten Arbeitsfläche ausrollen. Springform (28 cm) buttern und mit dem Teig Boden und Rand auskleiden. Gut andrücken, um das Auslaufen der Füllung zu verhindern.
Ofen auf 170 Grad Ober-/Unterhitze vorheizen.
Alle Zutaten für die Füllung – bis auf die 100 g Butter – in eine Schüssel geben, glatt rühren. Zum Schluss die Butter zerlassen und unter die Masse heben. Füllung in die Springform füllen. Kuchen bei 170 Grad ca. 75 Minuten backen.

UNSER TIPP: Den Käsekuchen einen Tag vor dem Genießen zubereiten, dann schmeckt er noch besser!

Nicht nur der Käsekuchen, auch andere Leckerbissen wie Käse-Sahne-Torte werden in der Käse Alm serviert

Das Geheimnis des Schlossbäckers

Wichtige Zutaten: Zeit und Liebe

Während die meisten Schwangauer noch schlafen, ist Josef Furnier hellwach. „Wir fangen um 3 Uhr in der Backstube an“, sagt er, und dann geht es Schlag auf Schlag: Der Teig, der bis zu 24 Stunden ruhen konnte, wird zu Broten und Brötchen geformt, auf einem Stein knusprig ausgebacken. Josef ist Bäckermeister in der Schlossbackstube und legt Wert auf Natürlichkeit, Einfachheit, regionale Rohstoffe. Sein Mehl kommt von der nahen Tannenmühle. Und zu seinen wichtigsten Zutaten gehört die Zeit. Durch die lange Teigführung werden Eiweiß und Stärke abgebaut, das Brot wird bekömmlicher und köstlicher. Masse ist für ihn nicht entscheidend, sondern eben die Qualität. Deshalb gibt es auch nur vier Brotsorten. Ein ehrliches Handwerk, das der Josef dort praktiziert – so wie es einst die Bäcker gelernt haben.

Die Seelen vom Josef

DU BRAUCHST

FÜR CA. 15 STÜCK

FÜR DEN VORTEIG, DEN „WEIZENPOOLISH"

- 100 ml Wasser, 25 Grad
- 1 g Hefe, frisch
- 100 g Weizenmehl, Type 550

FÜR DEN SEELENTEIG

- 201 g Weizenpoolish
- 900 g Weizenmehl, Type 550
- 22 g Salz
- 15 g Hefe, frisch
- 650 ml Wasser, ca. 10 Grad
- Etwas Öl

SO GEHT'S

Für den Weizenpoolish Hefe im Wasser auflösen. Masse in eine große Schüssel geben, Mehl hinzufügen, glatt rühren. Schüssel mit Frischhaltefolie abdecken. Teig ca. 2 Stunden an einem warmen Ort gehen lassen, bis er sich verdoppelt hat. Anschließend den Teig für 10 bis 18 Stunden im Kühlschrank reifen lassen.

Für den Seelenteig alle Zutaten – bis auf das Öl – kräftig und ca. 10 Minuten kneten, bis ein elastischer und glatter Teig entsteht. Die Temperatur sollte zwischen 22 und 24 Grad sein. Den ausgekneteten Teig in eine große, geölte Schüssel geben. Mit Frischhaltefolie abdecken und für 10 bis 12 Stunden in den Kühlschrank zum Reifen stellen.

Am Backtag den Ofen auf 250 Grad Ober-/Unterhitze vorheizen.

Die Arbeitsfläche mit Wasser befeuchten und den Seelenteig darauf geben. Mit nassen Händen den Teig schön gleichmäßig flach ziehen. Jetzt mit noch nassen Händen die einzelnen Seelen mit der Handkante vom großen Teig abnehmen.

Die länglichen Seelen auf ein mit Backpapier ausgelegtes Blech legen und bei 250 Grad ca. 15 bis 20 Minuten backen.

EINIGE IDEEN ZUM VEREDELN

Salz und Kümmel oder Sesam oder Sonnenblumen- oder Kürbiskerne oder auch Käse vor dem Backen auf die Seelen geben. Auch könnt ihr Kräuter, getrocknete Tomaten, Oliven, Röstzwiebeln in den Teig einarbeiten.

Alte Tradition

WOHER STAMMT DER NAME DIESES GEBÄCKS?

Am Allerseelentag legte man einst das Allerseelenbrot und ein Glas Wein auf die Gräber der Toten, reichte ihnen so die Speise. Der Brauch ist heute vergessen und aus dem Wort Allerseelenbrot wurde kurz Seelen.

Weißt du noch ...

Ein Kuchen aus unseren Kindertagen

Auf den Fotos sehen wir Margit Kiefer und ihren Bruder Marcus. Als Kinder – und Erwachsene. Wenn man die beiden fragt, was sie in ihrer Kindheit so richtig genossen haben, ist die Antwort: „Gelbr Schbrudl"! Margit erzählt: „Er begleitete uns und unsere Freunde bei Kindergeburtstagen, im Freibad, zu Hause. Gelbr Schbrudl – das war die gelbe Limonade mit Orangengeschmack. Oft wurde der Schbrudl von kleinen Getränkeherstellern in Glasflaschen mit Kippverschluss abgefüllt und in Holzgetränkekisten ins Haus gebracht. Er trug ein einfaches Papieretikett, schmeckte süß und klebrig und wurde mit dem Strohhalm aus der Flasche getrunken. Hatte man Geschwister, musste man sich meist eine Flasche teilen – das seht ihr auf dem kleinen Bild. Da sitzt mein Bruder neben mir und ich bin gerade am Zug, darf trinken. Danach ist er dran. Für dieses Buch habe ich aus Gelbr Schbrudl einen Kuchen gebacken."

Gelber Schbrudlkuchen

DU BRAUCHST

FÜR DEN TEIG

- 150 g Sonnenblumenöl
- 220 g Zucker
- 1 EL Vanillezucker
- 4 Eier
- 250 g Mehl oder 180 g Mehl + 70 g Stärke
- 1 TL Backpulver
- 120 ml + 5 EL gelber Sprudel
- Etwas frische Schale von 1 Bio-Orange

FÜR DEN GUSS

- 80 g Puderzucker
- 2 EL gelber Sprudel

SO GEHT'S

Öl, Zucker, Vanillezucker, Eier aufschlagen. Mehl und Backpulver mischen, unter die Eiermasse heben. Dann 120 ml Sprudel und Orangenschale hinzufügen, alles gut vermengen. Backofen auf 160 Grad Umluft vorheizen.

Kastenform (28 cm) fetten, Teig hineinfüllen. Den Kuchen bei 160 Grad ca. 45 Minuten backen. Noch heiß stürzen und mit 5 EL Sprudel tränken. Abkühlen lassen. Für den Guss Puderzucker und Sprudel vermischen und damit den Kuchen bestreichen.

Bei Monika und Timo Steiger gilt das Küchenmotto:

Es grünt so grün

Die Lage ihres Hotels ist grandios: Von der Terrasse blickt man auf das Hohe Schloss in Füssen, umgeben ist ihr Haus von Kräutern, essbaren Blumen, die in der Küche von Timo Steiger landen. Für dieses Buch hat er Pfifferlingstaler gezaubert, gewürzt u. a. mit Majoran. „Ich mag das Zusammenspiel von Kräutern und Produkten der Region", sagt er. So verfeinert Timo die Gerichte raffiniert, achtet aber darauf, dass sie stets ihren Ursprung behalten. Passt einfach alles im „Gesundheitshotel Steiger" mit seinen 15 Zimmern, Sauna, Massagepraxis. Den Grundstein haben übrigens ein Blitzschlag und Timos Schwiegereltern gelegt. „Früher stand hier ein Bauernhaus, das bei einem Unwetter abbrannte. Meine Eltern bauten danach das Hotel", erinnert sich Monika Steiger. Das Glück im Unglück. Apropos Glück! Da gibt es noch eine Liebesgeschichte zu erzählen: 1998 arbeitete Timo in Oberstaufen. Moni bewarb sich dort für eine Ausbildung zur Hotelfachfrau. Er sah sie, wusste sofort: Das wird meine Frau! – Hat geklappt und noch heute gilt: Dein ist mein ganzes Herz.

Thymian

HOTEL
STEIGER
CAFE
RESTAURANT

Passion
Kochen

Wenn Pfifferlinge auf Kartoffeln treffen ...

DU BRAUCHST

FÜR 4 PERSONEN

- 1 kg Kartoffeln, mehlig
- Salz
- 100 g Pfifferlinge
- 100 g Zwiebelwürfel
- 100 g Karottenwürfel
- 40 g + 40 g Butter
- Etwas Majoran und Petersilie
- 2 Eigelb
- Pfeffer
- Muskatnuss
- Mehl zum Verarbeiten

SO GEHT'S

Kartoffeln schälen, in grobe Stücke schneiden. Im Salzwasser garen, bis sie weich sind, abgießen und im Backofen auf einem Blech bei 120 Grad Umluft ca. 10 Minuten ausdämpfen.

Die noch heißen Kartoffeln durch eine Presse pressen. Pfifferlinge putzen, waschen, würfeln und mit den Zwiebel- und Karottenwürfeln in 40 g Butter andünsten.

Majoran und Petersilie waschen, trocken schütteln und fein hacken.

Gepresste Kartoffeln, Pfifferlingsmix, Kräuter, Eigelbe zu einer glatten Kartoffelmasse vermengen, mit Pfeffer, Muskatnuss abschmecken.

Aus dieser Masse auf einer bemehlten Arbeitsfläche eine ca. 5 cm dicke Rolle formen. Daraus die Taler schneiden und diese langsam in 40 g Butter goldbraun anbraten.

Als Beilage serviere ich einen Salat mit Kräutern und Blüten und einen Klecks Schmand.

Mann mit Leidenschaft! Timos Passion fürs Kochen geht unter die Haut. Das zeigt ein Tattoo auf seinem linken Arm (siehe Seite 17)

FESCH
Eine Hochzeit in Schwangau, auch der Trachtenverein feiert mit, zieht mit Kränzen durch die Straßen. Was für ein Fest! Traditionen werden gelebt und geliebt

MAJESTÄTISCH
Neuschwanstein, Bauherr König Ludwig II. Man besucht es zu Fuß oder mit der Pferdekutsche

BLUMENGIRLANDEN
Wie hübsch sich dieses Haus herausgeputzt hat. Davor der Lieblingsplatz zum Verweilen

HOCH HINAUS
Der Maibaum steht mitten im Ort, streckt sich in den blauen Himmel. Seine Symbole erzählen vom Handwerk der Bewohner

GUCK MAL, WIE SCHÖN ES HIER IST

Gesegnet mit Bergen, Seen, Wäldern, grünen Wiesen und Weiden und zwei Schlössern, deren Namen in aller Welt bekannt sind: Neuschwanstein und Hohenschwangau. Sie haben Schwangau zum „Dorf der Königsschlösser" gemacht. Und wie kann man dieses Dorf besser erkunden als bei einem Spaziergang? Es ist nicht groß, hat rund 3300 Einwohner, doch es steckt voller Schönheiten, wie unsere Fotos zeigen.

AUF DIE SPITZE GETRIEBEN
Ein Hahn als Zierde auf dem Dach

AM BRUNNEN
Der Brunnen teilt die Straße an der Käse Alm, und er ist ein beliebtes Fotomotiv

IDYLLISCH
Vor den Fenstern die typischen Läden aus Holz, gern in Grün. Und wer etwas Platz hat, pflanzt einen üppigen Garten mit Kräutern, Obstbäumen und vielen Blumen

FLYING HOME
So nett lebt Familie Vogel in Schwangau

ROMANTISCH
Die Berge ganz nah und Schloss Neuschwanstein als Nachbarn – der Blick vom Kurpark auf das Königsdorf

SONNENKINDER
Ich gehe mal in den Garten zum Tomatenpflücken ...

Von Kunsthandwerk und guten Gedanken

Ein Garten, der die Seele berührt

Sie hat ein Händchen fürs Schöne: „Beim Elle" heißt Nicole Geblers Geschäft, in dem alpenländisches Kunsthandwerk, Schnitzereien, Sakrales, Deko für Haus und Garten angeboten werden. Ein Familienbetrieb, den die Schwiegereltern 1960 eröffneten. Eine kleine Abteilung führt auch in die Welt des Räucherns ein, doch darauf kommen wir später auf den Buchseiten 82/83. Die Kunden gehen gern zu Nicole, staunen über die Auswahl, finden Lieblingsstücke. Kraft für ihren Alltag sammelt die Geschäftsfrau in ihrem Garten. „Ich habe erste Kräuter, Kartoffeln, Zucchini geerntet", sagt sie dankbar. Nach und nach gestaltet Nicole die Oase. Im Schatten eines Apfelbaums steht ein Tisch, auf dem sich Buntstifte wild verteilen, ein Buch, in das sie Gedanken schreibt, Bilder malt. Ein Windspiel flüstert sanft in den Zweigen, der Blick geht zum Schloss Neuschwanstein. „Das ist hier ein besonderer Ort, der mich erdet, mich demütig macht", sagt Nicole. Wer einmal dort war, kann sie verstehen – in einem Garten wächst eben mehr, als man sät.

Kunsthandwerk
beim Elle
Fam. Gebler

Gartenkuchen

DU BRAUCHST

- 80 g Butter, zerlassen
- 3 Eier
- 120 g Zucker
- 120 g Milch
- 60 ml Sahne
- 300 g Mehl
- 1 Pck. Backpulver
- 1 Pck. Vanillezucker
- 20 g gehackte Kräuter wie Thymian, Rosmarin, Zitronenverbene

FÜR DEN BELAG

- Früchte und Gemüse der Saison, Butterflöckchen

SO GEHT'S

Ofen auf 160 Grad Umluft vorheizen.

Alle Zutaten zu einem Teig verrühren. Springform (28 cm) mit Backpapier auslegen. Teig in die Form geben und auf den Teig Früchte der Saison legen wie zum Beispiel klein geschnittene, geschälte Äpfel, Birnen, aber auch Johannisbeeren ohne Rispen, Himbeeren, selbst Kürbis- und Zucchinistücke schmecken in diesem Gartenkuchen.

Auf den Kuchen noch einige Butterflöckchen setzen und ab damit in den Ofen. Bei 160 Grad ca. 40 Minuten backen.

In diesem Kuchen steckt ein Rundgang durch den Garten mit Obst, Kräutern und sogar etwas Gemüse. Und wie schmeckt er? Wie ein Sommertag!

Hof mit Herz

Alles Gute kommt aus der Natur

Wenn eine nachhaltige Landwirtschaft auf eine herzliche Gastfreundschaft trifft, entsteht so etwas Außergewöhnliches wie der „Helmerhof". „Bei uns kommt kein Kunstdünger auf die Felder, im Sommer sind die Tiere auf Weiden und Hochalmen", sagt Corbinian Helmer, Küchenchef im Haus. Wenn bei den Helmers ein Tier geschlachtet wird, sorgt er dafür, dass man sich nicht nur die Filetstücke herauspickt, sondern kreiert aus allem, von den Backen bis zum Schwanz, Genüsse. Zum Viehbestand gehören Schottische Hochlandrinder, das sind die mit dem „Wollmantel" und der Zottelmähne (s. rechts). Einen Großteil der Energie deckt man im Helmerhof durchs eigene Blockheizkraftwerk ab. Besorgungen werden mit dem E-Fahrzeug erledigt, die Ladesäule steht vorm Haus, grüner Strom wird auf dem Dach produziert – so gilt seit Jahren: Helmers for Future!

Backe vom heimischen Rind

DU BRAUCHST

FÜR 2 PERSONEN

- 1 Ochsenbacke, geputzt
- Salz, Pfeffer
- 50 ml Sonnenblumenöl
- 1 Bund Suppengemüse
- 2 Zwiebeln, gewürfelt
- 4 Wacholderbeeren
- 4 Lorbeerblätter
- 1 EL Tomatenmark
- 1 l Rotwein
- 250 ml Apfelsaft
- 500 ml Wasser
- 2 Köpfe Sellerie
- 200 ml Sahne
- 50 g Butter
- Muskatnuss
- 1 Prise Vanillezucker
- 3 Zwiebeln, rot
- 1 Prise Zucker
- 2 EL Preiselbeeren
- 20 g Maisstärke

SO GEHT'S

Backe würzen, in etwas Öl rundherum scharf anbraten, das Suppengemüse grob würfeln und beiseitestellen. Backe herausnehmen und die Schalen des Gemüses mit Zwiebelwürfeln, Wacholder, Lorbeer und Tomatenmark stark rösten. Mit 900 ml Rotwein ablöschen, diesen einkochen lassen und dann mit Apfelsaft und Wasser aufgießen. Fleisch in den Sud zurückgeben und ca. 1 ½ Stunden schmoren.

Den Sellerie grob würfeln, mit Sahne, etwas Butter, Salz, Pfeffer, Muskat und Vanillezucker im Topf weich kochen, danach mit dem Stabmixer fein pürieren und durch ein Sieb streichen.

Rote Zwiebeln schälen, in Spalten schneiden, in der restlichen Butter anbraten, mit Zucker karamellisieren und mit 100 ml Rotwein aufgießen, diesen komplett einkochen, mit Preiselbeeren vermengen.

Backe aus dem Sud nehmen, den Sud durch ein Sieb in einen Topf geben. Das gewürfelte Suppengemüse in den Sud geben, weich köcheln lassen und mit der Maisstärke die Soße zur gewünschten Konsistenz eindicken.

Backe aufschneiden, mit Selleriecreme und Zwiebelmarmelade anrichten, die Soße angießen.

Fast zu schade, um sie zu vernaschen

Loblied auf Annas Tortentraum

Sie war 13, als sie zum ersten Mal eine Klarinette in den Händen hielt und als sie nach einer Stunde Unterricht ein kleines Stück spielen konnte, „war ich Feuer und Flamme", erinnert sich Anna Horwath. Längst gehört sie zur „Musikkapelle Schwangau", tritt bei Kurkonzerten, Gottesdiensten, Umzügen, Festen auf. Hat Anna musikalische Favoriten? „Modernes wie ‚Fate of the Gods', ‚Pirates of the Caribbean', doch auch Traditionelles wie ‚Wir Musikanten' oder den Marsch ‚Kaiserin Sissi'." Ihr zweites Hobby: Backen! „Wir sind eine große Familie, da gibt es viele Anlässe." Auch für dieses Buch hat sie zwei Köstlichkeiten gebacken: eine Schwangauer Musiktorte und Königliche Leabla. Danke dafür, liebe Anna.

Schwangauer Musiktorte

DU BRAUCHST

FÜR DEN BISKUIT

- 4 Eier
- 120 g Zucker
- 120 g Mehl
- 1 TL Backpulver

FÜR DIE CREME

- 500 g Mascarpone
- 250 g Magerquark
- 80 g Zucker
- 4 EL Amaretto
- 400 ml Sahne
- 2 Pck. Sahnesteif

SONSTIGE ZUTATEN

- 300 ml kalter Kaffee
- 4 EL Amaretto
- 4-5 Pck. Löffelbiskuit
- Etwas Kakaopulver

SO GEHT'S

Ofen auf 180 Grad Ober-/Unterhitze vorheizen.

Für den Biskuit die Eier schaumig schlagen, den Zucker einrieseln lassen, bis er sich auflöst. Mehl mit Backpulver mischen, nach und nach unterheben.

Teig in eine mit Backpapier ausgelegte Springform (24 cm) geben, bei 180 Grad ca. 20-25 Minuten backen. Boden aus der Form lösen, auf ein Gitter stürzen. Backpapier abziehen, Boden abkühlen lassen. Dann waagerecht halbieren.

Für die Creme Mascarpone mit Quark, 80 g Zucker und 4 EL Amaretto verrühren. Die Sahne mit Sahnesteif steif schlagen und vorsichtig unter die Creme heben. Einen Biskuitboden auf eine Tortenplatte legen, mit einem Tortenring umlegen.

Kaffee mit 4 EL Amaretto mischen. Boden mit ca. 1/4 der Kaffeemischung tränken. Auf den getränkten Boden 1/3 der Creme geben, diese mit Löffelbiskuits belegen. Löffelbiskuits wieder mit 1/4 der Kaffeemischung tränken und anschließend mit 1/3 der Mascarponecreme bestreichen. Diesen Vorgang noch einmal wiederholen.

Den zweiten Boden auf die Torte legen, mit der restlichen Kaffeemischung tränken. Die restliche Creme mit einer Spritztülle auf die Torte spritzen. Torte bis zum Verzehr kühl stellen. Vor dem Servieren aus dem Ring nehmen, mit Kakaopulver bestäuben. Den Rand der Torte mit Löffelbiskuits verzieren.

König-Ludwig-Leabla*

DU BRAUCHST

FÜR CA. 45 PLÄTZCHEN

FÜR DEN TEIG

- 200 g Butter
- 50 g Zucker
- 1 Pck. Vanillezucker
- 1 Ei
- 50 g Pistazien, gemahlen
- 100 g Haselnüsse, gemahlen
- 275 g Mehl
- ½ TL Backpulver
- 4 Tropfen Bittermandel-aroma

FÜR DIE FÜLLUNG

- 200 g Nougat
- 200 g Marzipan
- Etwas Puderzucker

FÜR DEN GUSS

- 200 g Schokokuvertüre, dunkel
- 1 Würfel Kokosfett
- Einige Pistazien, gehackt

SO GEHT'S

Alle Teigzutaten in eine Rührschüssel geben, zu einem Teig verarbeiten, in Klarsichtfolie wickeln. Teig für ca. 3–4 Stunden in den Kühlschrank stellen. Anschließend Ofen auf 180 Grad Ober-/Unterhitze vorheizen. Teig ca. 5 cm dick ausrollen und die Leabla ausstechen. Blech mit Backpapier auslegen, Leabla darauflegen. Bei 180 Grad ca. 8–10 Minuten backen.

Für die Füllung Nougat leicht erwärmen, damit es streichfähig ist. Marzipan mit Puderzucker ausrollen und mit der gleichen Form wie den Teig ausstechen.

Nun auf ein Leabla dünn Nougat streichen, das ausgestochene Marzipan draufsetzen, das Marzipan wieder dünn mit Nougat bestreichen und ein weiteres Leabla draufsetzen.

Kuvertüre mit Kokosfett schmelzen lassen. Hälfte der Plätzchen in die Kuvertüre tauchen, anschließend mit den gehackten Pistazien bestreuen.

Anna liebt ihre Heimat und fährt gern mit dem Rad in die Berge, wandert. Ihre Ziele sind zum Beispiel Säuling, Rohrkopf, Hornburg

*Plätzchen

Ein Gelatiere in Bayern

Im Reich der eiskalten Verführung

Da steht man nun wie einst als Kind vor der Auswahl und kann sich nicht entscheiden: Joghurt-Sanddorn, Stracciatella, Vanille? – Hilft alles nichts, wenn wir bei Carmelo Tramontana am Schlossbrauhaus sind, müssen es schon zwei, drei Kugeln sein. Denn das zartcremige Eis des Gelatieres ist delizioso, köstlich. „Ich nehme nur die besten Zutaten", verrät Carmelo, der in Sizilien geboren wurde und in Italien sein Handwerk lernte. Das Allgäu ist für ihn und seine Familie längst zur zweiten Heimat geworden. „Die Natur, die Menschen, die Sonne, das Lebensgefühl – mein Paradies in Bayern", schwärmt er. Seine Lieblingssorte ist übrigens Pistazieneis. Und denjenigen, die gerade nicht in Schwangau sind, schickt er ein himmlisches Schokoeis nach Hause (siehe Rezept rechts). Grazie, Carmelo!

Schokoladeneis

DU BRAUCHST

- 2 Eigelb
- 180 g Zucker
- 5 g Johannis-brotkernmehl
- 560 g Milch
- 180 ml Sahne
- 100 g Kakao-pulver, bitter

SO GEHT'S

Eigelbe, Zucker, Johannisbrotkernmehl in eine Schüssel geben, mit einem Schneebesen verrühren, bis sich der Zucker aufgelöst hat und die Masse luftig wird.

Milch, Sahne und Kakao in einen Topf geben, bei mittlerer Hitze gut verrühren, fast zum Kochen bringen. Bevor die Masse kocht, den Topf vom Herd nehmen, zwei Minuten abkühlen lassen.

Eigelb-Zucker-Johannisbrotkernmehl-Mischung hinzufügen, sodass die Eigelbmasse pasteurisiert, aber nicht gekocht wird.

Die Mischung bei Raumtemperatur mindestens zwei bis drei Stunden mit Frischhaltefolie abgedeckt ruhen lassen. Dann für drei Stunden in den Gefrierschrank stellen. Nach dem Frosten die Mischung zuerst mit einem Spatel und danach mit einem Schneebesen verrühren, bis sich alle Eiskristalle aufgelöst haben.

Jetzt das Eis nochmals für weitere 40 Minuten in den Gefrierschrank stellen – und den Vorgang mit dem Verrühren und dem Wiedereinfrieren so lange wiederholen, bis das Eis die richtige Konsistenz hat.

30 Minuten vor dem Servieren aus dem Gefrierschrank holen und in den Kühlschrank stellen.

Ein Hotel und seine über 100 Jahre alte Familiengeschichte

Im Wandel der Zeiten

Das Bild, das wir auf dieser Seite sehen, gibt einen Einblick in die Geschichte des „Hotel Müller" in Hohenschwangau. „Es zeigt meinen Urgroßvater Josef", sagt Richard Müller. „Er gründete unser Haus." Die Müllers waren ursprünglich Landwirte und beförderten mit ihren Pferdekutschen Waren, Personen, die Gäste, die Hohenschwangau besuchten. 1910 wich der Bauernhof dem Hotel. Heute trägt Richard Müller die Verantwortung. Sein Credo: Tradition und Moderne gehören zusammen. Einer der größten Schätze des Hauses: die Lage. Als Nachbarn Schloss Hohenschwangau, der Alpsee, fast zum Greifen nah Neuschwanstein. Gäste aus aller Welt lieben das Hotel mit seinen 42 Zimmern, der Boutique und seiner Küche. Bernd Rethmann ist Küchenchef. Auf seiner Karte stehen selbstverständlich auch bayrische Spezialitäten. Heiß begehrt: sein Kaiserschmarrn. Wir durften ihm beim Zubereiten über die Schulter schauen …

Schloß
Neuschwanstein

Kaiserschmarrn

DU BRAUCHST

FÜR 3 PORTIONEN

- 200 g Mehl
- 30 g Zucker
- 1 Prise Salz
- 4 Eigelb
- 300 ml Milch
- 4 Eiweiß

FÜR DIE PFANNE

- 30 g Butter
- 30 g Rosinen

ZUM KARAMELLISIEREN

- 10 g Butter
- Etwas Puderzucker

ZUM ANRICHTEN

- Etwas Apfelmus und Obst

SO GEHT'S

Ofen auf 180 Grad Umluft vorheizen.

Mehl, Zucker, Salz, Eigelbe mit der Milch zu einem glatten Teig verrühren. In einer zweiten Schüssel Eiweiße steif schlagen und unter den Teig heben.

Butter in einer Pfanne mit feuerfestem Griff aufschäumen lassen, den Teig langsam eingießen und beidseitig anbacken.

Pfanne in den Ofen stellen und bei 180 Grad ca. 10 Minuten fertig backen. Der Kaiserschmarrn sollte goldbraun sein.

Pfanne aus dem Ofen nehmen und den gebackenen Teig mit zwei Gabeln in unregelmäßige Stücke reißen. Nun die Rosinen hinzufügen, alles gut verrühren und mit Butter und Puderzucker karamellisieren. Mit Apfelmus und Obst anrichten.

„Wer möchte, kann dem Teig auch einen Schuss Rum hinzufügen", sagt Küchenchef Bernd Rethmann

BERGGEISTER LÜFTEN IHRE SCHLEIER

Wenn sich die Nebel am Morgen erheben und die ersten Sonnenstrahlen auf Hohenschwangau fallen, erstrahlt das Schloss in einem goldenen Licht. In diesen Momenten lüften die Berggeister ihre Schleier, so sagt man, und klären den Blick auf ein Bauwerk, das König Ludwig II. (1845–1886) innig liebte. Er verbrachte einen Großteil seiner Jugend, die Sommermonate mit den Eltern in der aufwendig restaurierten Zinnenburg, die sein Vater König Maximillian II. als Ruine im Jahre 1832 für 7000 Gulden erwarb. Selbst als Neuschwanstein bereits erbaut war, zog es den König noch oft nach Hohenschwangau.
Ludwig genoss es, durch die Wälder zu reiten, im Alpsee zu schwimmen, kraxelte schon als Bub auf Tegelberg und Säuling. Die Leidenschaft des Bergsteigens teilte er mit seiner Mutter Königin Marie. Im Schloss selbst faszinierten ihn die kunstvollen Malereien auf den Wänden. Sie erzählen unter anderem die Geschichte der Wittelsbacher und Welfen, gleichen einem Bilderbuch, das Sagen, wie die des Schwanenritters Lohengrin, und Mythen spiegelt.

Kreative Ideen für den Kaffeetisch

Blütenkekse und Blumenträume

Stellt euch vor, eine Freundin kommt zum Kaffee. Ihr backt etwas Leckeres, deckt den Tisch. – Das war die Idee, die Sandra Rosinger, Steffi und Anika Perkmann für dieses Buch hatten. Sandra ist Floristin, hat die „Blumenstube" in Schwangau. Steffi arbeitet als Konditormeisterin und Anika macht eine Ausbildung zur Konditorin. Die drei haben sich getroffen und uns mit dem Kaffeetisch, den ihr auf dem Foto oben seht, überrascht. „Ich habe zwei Schubladen als Dekoelement für die Brombeerzweige genutzt, sie mit Frauenmantel arrangiert. Auf den Servietten sind Herzen mit Frauenmantel, Himbeere und Blaubeere. Und in der bauchigen Vase erblühen Skabiose, Lavendel und Frauenmantel." Steffi und Anika, was habt ihr zum Kaffee gebacken? „Blütenkekse, die perfekt auf diesen Tisch passen. Das Rezept findet ihr auf der nächsten Seite. Wir haben sie auf Tellern drapiert und in einer Etagere, in der unsere Kekse in verschiedenen Größen auf zarte Blütenranken treffen. So liebevoll empfängt man eben eine Freundin."

Blütenkekse

DU BRAUCHST

FÜR CA. 20 KEKSE

FÜR DEN TEIG

- 200 g Zucker
- 250 g Butter, zimmerwarm
- 1 Prise Salz
- Abrieb von 1 Bio-Zitrone
- 2 Eier
- 400 g Dinkelmehl
- ½ TL Backpulver

FÜR DIE GLASUR

- 20 ml roten Fruchtsaft
- 200 g Puderzucker
- Getrocknete, essbare Blüten
- Konfitüre nach Wahl

SO GEHT'S

Zucker und Butter gut miteinander verkneten. Salz, Zitronenabrieb, Eier hinzugeben und ebenfalls verkneten. Danach das Mehl und das Backpulver hineingeben und ca. 2 Minuten zu einem glatten Teig verarbeiten. Teig 2 Stunden, oder über Nacht, kalt stellen.

Ofen auf 180 Grad Ober-/Unterhitze vorheizen.

Dann Teig nochmals mit der Hand kurz kneten und auf ca. 3 mm ausrollen. Danach mit selbst ausgewähltem Blumenausstecher die Kekse ausstechen und für 7 bis 10 Minuten auf 180 Grad backen, bis sie goldgelb sind.

Für die Oberteile der Kekse mit einem kleineren Blumenausstecher in die Mitte ein Loch platzieren. Die Plätzchen gut auskühlen lassen und in der Zwischenzeit die Puderzuckerglasur anrühren. Nach und nach den Fruchtsaft (wir nehmen gern roten Johannisbeer- oder Himbeersaft) in den Puderzucker geben, bis die Glasur die gewünschte Konsistenz erreicht hat. Obere Lekshälfte dünn mit der Glasur bestreichen. Anschließend mit getrockneten Blüten verzieren. Dafür eignen sich Ringelblumen, Kornblumen und Rosenblüten, dies gibt eine bunte Mischung. Die unteren Kekshälften mit Konfitüre bestreichen und mit der oberen Hälfte zusammensetzen.

Das König Ludwig

Hier wird der Genuss gekrönt

Bio-Rinder, die auf den Wiesen grasen, der Käse von Hand gemacht, die Forellen aus den nahen Seen, vergessene Gemüsesorten, die jetzt ihre Renaissance erleben. Diese Schätze lassen das Herz und die Kreativität von Simon Schaller (Foto) höher schlagen. Der Küchenchef vom „König Ludwig“ sagt: „Unsere Küche ist ein Bekenntnis zur Region und zur Saisonalität.“ Respektvoll und nachhaltig behandelt er die Produkte, bereitet die Gerichte schonend zu. Ein weiteres Highlight auf seiner Speisekarte: Wild aus eigener Jagd. Das 4000-Hektar-Revier erstreckt sich vom nördlichen Ufer des Forggensees bis ins Ammergebirge hinauf auf 2080 Meter. Auch beim Wild ist sich der Küchenchef treu: „Wir verarbeiten alles – from nose to tail.“ „Das König Ludwig“ selbst, ein Ort, der Sehnsüchte stillt: die Zimmer und Chalets zauberhaft, Spa, Yoga und ein imposanter Schwimmteich, der „Schwanensee“ getauft wurde.

Allgäuer Räucherforellentatar

DU BRAUCHST

FÜR 4 PERSONEN

FÜR DIE PUFFER

- 200 g Sauerkraut, frisch
- 400 g rohe Kartoffeln, geschält und gerieben
- 2 Eigelb
- 1 Schalotte, gewürfelt
- 2 EL Mehl
- 1 Knoblauchzehe, geschält und gehackt
- 3 EL Butterschmalz zum Anbraten

FÜR DAS TATAR

- 300 g Räucherforellen-filet, ohne Haut und Gräten
- 1 Becher Crème fraîche
- 1 EL Schnittlauch
- 1 Schalotte, gewürfelt
- Salz
- Pfeffer
- ½ Bio-Zitrone, Saft und Abrieb

SO GEHT'S

Das Sauerkraut mit klarem Wasser abspülen (wegen der Stärke) und in kleinere Stücke schneiden. Das Kraut sollte die ähnliche Größe wie die geriebenen Kartoffeln haben.
Die geriebenen Kartoffeln mit dem Kraut, den Eigelben, den Schalottenwürfeln, dem Mehl, dem Knoblauch vermengen. Aus der Masse kleine Puffer formen und goldgelb in der Pfanne mit Butterschmalz anbraten.

Räucherforelle in kleine Würfel schneiden, mit Crème fraîche, Schnittlauch, Schalottenwürfeln zu einer geschmeidigen Masse vermengen. Mit Salz, Pfeffer, Zitronenabrieb und Zitronensaft würzen. Aus der Masse mit einem Suppenlöffel kleine Nocken formen.
Die Nocken auf den gebratenen Kartoffel-Sauerkraut-Puffern anrichten.
Dazu schmeckt auch ein Honig-Dill-Dressing.

Das Team vom „König Ludwig" wünscht einen guten Appetit!

KLEINER TIPP

Probiert statt Bratenfett Backpapier in der Pfanne aus. Das verhindert das schnelle Ankleben der Puffer.

WIR SIND DIE FANTASTISCHEN DREI

Servus Franz, Rosina und Gabriel, nett, euch kennenzulernen. Kommt ihr aus Schwangau? – „Ja, und wir sind beste Freunde. Wir spielen zusammen, mögen uns ganz gern, doch wir streiten auch miteinander, das ist nun mal so." Ihr habt euch für unseren Termin fesch angezogen. Du Rosina im Dirndl, Gabriel in der Lederhose, und Franz trägt sogar einen Gamsbart am Hut. Klasse! Eine Frage: Ihr kennt euch gut in Schwangau und Umgebung aus, könnt ihr Kindern, die hier mit ihren Eltern Urlaub machen, ein paar Tipps zum Spielen geben? – „Klar! Probiert das Adventure Golf am Schlossbrauhaus aus, dort steht auch ein super Klettergerüst. Wir mögen den Spielplatz im Kurpark am Fischweiher, fahren die Sommerrodelbahn am Tegelberg herunter. Und: Wenn es warm ist, radeln wir mit den Eltern an den Bannwaldsee zum Baden. Es ist schön bei uns oder wie wir sagen: 'S is schia bei eis."

... UND WIE GEHT DAS?, fragt Gabriel und schaut Rosina und dem Franz genau zu. Die drei sind beim Adventure Golf. „Die haben extra Schläger für uns Kinder", sagt Rosina, „da können wir prima üben."

HOCH HER ... geht es auf dem Spielplatz am Schlossbrauhaus. „Das macht echt Spaß, über die Holzstangen zu klettern", strahlt Franz, „doch wir müssen aufpassen und geschickt sein. Und schaut mal: Da hinten, das ist Schloss Neuschwanstein."

AUF DIE PLÄTZE, FERTIG ... es geht los! Die Freunde toben über den Rasen, rennen um die Wette. Wer wird Erster? „Na ich", sagt Rosina und gibt kräftig Gas. Doch Franz und Gabriel lassen sich nicht so schnell abschütteln.

So sweet! – Ein Besuch im Landgarten

Das Schlaraffenland ist geöffnet

Wenn Margit Kiefer und Tochter Steffi, ihr seht die zwei oben am Gartenzaun, einen guten Plan haben, wird nicht lange gefackelt, sondern dann setzen sie ihn – wenn möglich – um. So war es auch mit dem „Ladencafé Im Landgarten". Es gehört Steffi und eng an ihrer Seite arbeitet ihre Mutter Margit. Sie ist Köchin und Konditorin, backt die Kuchen, zaubert die Torten, kocht Sirup und Konfitüre ein. Allein das ist schon alles himmlisch lecker! Hinzukommen jedoch noch einige weitere Sahnehäubchen: Die Eier für die Kuchen stammen von den eigenen Hühnern. Bei gutem Wetter genießen die Gäste die Kaffeestunde im Garten unter dem Apfelbaum oder nahe der Riesen-Sonnenblumen oder bei den Rosen, die so zart duften. Die Atmosphäre ist also einerseits idyllisch, andererseits aber auch voller Herzlichkeit. Die Kiefers sind aufmerksame Gastgeber – selbst ihren vierbeinigen Gästen gegenüber, die prompt ein Leckerli serviert bekommen. Ja, so ist das im Schlaraffenland, da dürfen alle genießen und vom Glück kosten.

lich Willkommen!
„Im Landgarten"
LADEN & CAFÉ
Geschenkideen
Getöpfertes & Handgemachtes
aus dem Allgäu
Tee & Liköre
Marmeladen & Kräuter
Selbstgebackene Kuchen
Brotzeiten
Öffnungszeiten
Freitag, Samstag, Sonntag ab 14 Uhr

Kirsch-Schmand-Kuchen

DU BRAUCHST

FÜR DEN TEIG

- 250 g Mehl
- 1 Pck. Backpulver
- 100 g Zucker
- 1 Ei
- 120 g Butter

FÜR DIE FÜLLUNG

- 500 ml Milch
- 2 Pck. Vanillepuddingpulver
- 4 Becher Schmand
- 100 g + 1 EL Zucker
- 1 Glas Kirschen, groß
- 1 Pck. Tortenguss, rot

SO GEHT'S

Ofen auf 160 Grad Umluft vorheizen.

Alle Zutaten für den Teig gut vermengen, damit eine Springform (26 cm) auslegen.

Aus der Milch und dem Vanillepuddingpulver einen Pudding kochen. Schmand, 100 g Zucker unter den noch warmen Pudding heben. Masse auf den Boden geben. Kirschen in einem Sieb abtropfen lassen, Saft auffangen. Kuchen mit den Kirschen belegen.

Bei 160 Grad ca. 40 Minuten backen. Kuchen abkühlen lassen.

250 ml Kirschsaft, Tortenguss, 1 EL Zucker verrühren, aufkochen, über den Kuchen geben.

Birnen-Dinkel-Kuchen

DU BRAUCHST

FÜR DEN TEIG

- 350 g Dinkelmehl, fein
- 220 g Rohrzucker
- 1 Pck. Vanillezucker
- 1 Pck. Backpulver
- 80 g Naturjoghurt
- 6 Eier
- 350 g Sahne
- 1 Zweig Rosmarin, fein gehackt

FÜR DEN BELAG

- 600 g Birnen, geschält und gewürfelt
- 600 g Zwetschgen, entsteint und geviertelt

FÜR DEN GUSS

- 2 EL Honig
- 80 g Sahne
- 100 g Butter
- 1 EL Rohrzucker
- 100 g Mandeln, gehobelt

SO GEHT'S

Ofen auf 160 Umluft vorheizen.

Alle Zutaten für den Teig in einer Schüssel vermischen. Ein hohes Blech gut fetten und bemehlen. Teig, er ist leicht flüssig, auf das Blech gießen. Mit Birnen und Zwetschgen belegen. Bei 160 Grad 15 Minuten backen.

Für den Guss Honig, Sahne, Butter, Rohrzucker, Mandeln in einem kleinen Topf aufkochen lassen. Vorsichtig über den goldbraunen Kuchen geben und diesen weitere 15 bis 20 Minuten fertig backen.

Margits Schneebälle

DU BRAUCHST

- Biskuitboden, am besten zwei, drei Tage alt, der beim Backen übrig geblieben ist, oder 1 Pck. Löffelbiskuits
- 125 ml Aprikosenlikör
- 500 ml Sahne
- 3 Pck. Sahnesteif
- 1 EL Vanillezucker
- 1 Dose Aprikosen
- 1 Pck. Kokosflocken

SO GEHT'S

Biskuit oder Löffelbiskuits in grobe Stücke teilen, mit dem Likör beträufeln. Sahne mit Sahnesteif und Vanillezucker steif schlagen. Aprikosen in kleine Stücke schneiden und mit Sahne, 5 EL Kokosflocken zum Biskuit bzw. den Löffelbiskuits geben, alles leicht vermischen.

Mit feuchten Händen faustgroße Schneebälle formen und in den restlichen Kokosflocken wälzen. Mindestens 3 Stunden durchziehen lassen.

Gutes aus der Natur

HAUSGEMACHTES FÜR DAHEIM

Im Ladencafé gibt es eine Auswahl an selbst hergestellten Leckerbissen. Dazu gehören verschiedene Sirups, zum Beispiel mit Ingwer, Zitrone, Aprikosen. Die Etiketten hat Margit Kiefer gemalt und so zieren liebevolle Kunstwerke die Flaschen. Auch Salz mit Hibiskus und Kräutern können die Gäste dort als Mitbringsel für Daheim aussuchen. Ebenso Töpferarbeiten, Konfitüre und besondere Teesorten.

DIE TAFEL DES MÄRCHENKÖNIGS

Mit dem Bau von Neuschwanstein wurde für Ludwig II. ein monumentaler Traum wahr. Für die damalige Zeit – das Schloss entstand zwischen 1868 und 1892 – hatte es die neueste Technik. Das zeigt allein der Blick in die Küche: Holzkohlengrill, Rostbraterei, ein Regal zum Warmhalten der Speisen, kaltes und warmes Wasser gab es hier. Das Essen erreichte den Monarchen über einen Speiseaufzug, denn seine Gemächer lagen drei Stockwerke über dem Küchentrakt. Serviert wurden Fisch und Fleisch. Mit Vorliebe aß er Suppen und Möweneier, die exakt sechs Minuten gekocht wurden. Er löffelte allerdings nur das Gelbe vom Ei heraus. Auch ein Apfelkuchen zum Dessert war nach seinem Geschmack, wie man hört. Auf der nächsten Seite findet ihr ein Rezept, das dem Märchenkönig sicher auch gemundet hätte …

WIE MIT PUDERZUCKER BESTÄUBT zeigt sich Neuschwanstein im Winter, erhebt sich majestätisch aus dem Wald

MEIN LIEBER SCHWAN …
du bist die süße Verführung. Deine Füllung? Sahne und ein kleines Geheimnis, das wir auf der Seite rechts verraten

AUS DEM LEBEN DER KÖNIGE
Das „Museum der bayerischen Könige" in Hohenschwangau gegenüber dem Alpsee nimmt uns mit auf eine Zeitreise, informiert über das Jahrhundert der bayrischen Monarchen. Selbstverständlich auch über Ludwig II. Hier erfahren wir, wie er gelebt, regiert, was er geliebt hat

Ludwigs Lieblinge

DU BRAUCHST

FÜR 6 STÜCK

FÜR DEN BRANDTEIG

- ¼ l Wasser
- 25 g Butter
- 25 g Margarine
- 150 g Mehl
- 40 g Stärke
- 5 Eier
- 1 Pck. Backpulver

FÜR DIE FÜLLUNG

- 500 ml Sahne
- 1 EL Zucker
- 1 Pck. Vanillezucker
- 2 Pck. Sahnesteif
- 1 TL Rosensirup
- 1 TL Blauer Bols

SO GEHT'S

Ofen auf 160 Grad Ober-/Unterhitze vorheizen.

Wasser und Butter in einem kleinen Stieltopf zum Kochen bringen.

Margarine, Mehl, Stärke dazugeben, schnell einrühren, sodass sich ein Kloß bildet, der Teig wird „abgebrannt".

Teig in eine Schüssel füllen, nach und nach mit dem Mixer die Eier zugeben, zum Schluss das Backpulver.

Backblech mit Backpapier belegen. Mit einem Esslöffel 6 Häufchen vom Teig abstechen und auf das Blech setzen. Für den Schwanenhals rollt man ein Stück Backpapier zu einer kleinen Tüte, füllt etwas Teig hinein, spritzt einen S-förmigen Schwanenhals auf das Blech.

Bei 160 Grad ca. 35 Minuten backen. Wichtig: Bitte während des Backens die Ofentür nicht öffnen. Die Windbeutel auf einem Gitter auskühlen lassen.

Sahne mit Zucker, Vanillezucker und Sahnesteif steif schlagen. Sahne auf 2 Schüsseln aufteilen, eine Portion mit Rosensirup, die andere mit Bols aromatisieren.

Windbeutel waagerecht halbieren und mit der Sahne füllen, mal in Rosé, mal in Blau. Schwanenhals aufsetzen, für die Flügel den Deckel des Windbeutels auseinanderschneiden, rechts und links wie Flügel ansetzen.

Elena backt das süße Glück

Schon als Kind liebte Elena das Backen. So stand ihr Berufswunsch schnell fest: Ich werde Bäckergesellin. „Jetzt mache ich noch eine zweite Ausbildung zur Konditorin", sagt sie. Elena backt viel mit Obst aus dem Garten, die Eier stammen von freilaufenden Hühnern, und sie benutzt oft Dinkelmehl. Warum? „Dinkel ist ursprünglicher. Beim Backen bitte nur dran denken, die Mehlmenge im Vergleich zum Weizenmehl zu reduzieren. Sonst wird der Kuchen zu fest." Uns serviert Elena die Schwangauer Sommerzeit – und hat gleich noch einen Profi-Tipp parat: Damit der Teig saftiger wird, bekommt er etwas Quark.

Schwangauer Sommerzeit

DU BRAUCHST

FÜR DIE FÜLLUNG
- 250 g Quark
- 50 g Zucker
- 1 Ei
- 20 g Stärke
- 1 Pck. Vanillezucker
- Prise Salz
- Etwas Zitronenaroma

FÜR DEN TEIG
- 150 g Butter, weich
- 130 g Zucker
- 1 Pck. Vanillezucker
- 3 Eier
- 250 g Dinkelmehl
- ½ Pck. Backpulver
- 70 ml Milch

FÜR DEN BELAG
- 5 Aprikosen
- 150 g Heidelbeeren
- Einige gehobelte Mandeln

SO GEHT'S

Ofen auf 200 Grad Ober-/Unterhitze vorheizen.

Zutaten für die Quarkfüllung zu einer glatten Masse verrühren.

Für den Teig Butter, Zucker, Vanillezucker schaumig rühren. Eier nach und nach unterrühren. Mehl, Backpulver, Milch kurz unterrühren.

Teig in eine gefettete Springform (28 cm) geben. Mit einem Spritzbeutel oder Löffel die Quarkfüllung in den Teig geben.

Aprikosen und Heidelbeeren waschen, trocken tupfen. Aprikosen halbieren und mit den Heidelbeeren auf der Füllung verteilen. Zum Schluss gehobelte Mandeln über den Kuchen streuen.

Die Schwangauer Sommerzeit ca. 45 bis 50 Minuten bei 200 Grad backen.

Yoga auf dem Forggensee

Auf den Wellen des Atems

Sanft gleitet sie mit ihrem Board durch das Wasser, genießt den Singsang der Vögel, lässt sich von einer Windbrise streicheln. Ihr Ziel: ein naher Ankerplatz auf dem Forggensee, an dem sie ihr Board befestigt. Schon wenig später geraten wir ins Staunen: Anja Wiegland beginnt mit ihren Yogaübungen. Obwohl das Wasser leicht tänzelt, nimmt sie jede Welle wie einen Atemzug, hält ihr Gleichgewicht, meistert die 11 Asanas, die Figuren des „Sonnengrußes“, und einen Handstand auf dem Board. Anja gibt Kurse für Anfänger und Fortgeschrittene (im Winter in ihrem Yoga-Studio) und arbeitet eng mit ihrem Lebensgefährten Ottmar zusammen, der Boote und Stand-up-Paddling-Boards verleiht. „Seit vier Jahren praktiziere ich Yoga auf dem See und lebe nach dem Mantra: Lokah samastah sukhino bhavantu, übersetzt: Mögen alle Lebewesen glücklich und zufrieden sein und all mein Tun und Handeln dazu beitragen.“

Vegan und glutenfrei

Rüblikuchen im Glas

DU BRAUCHST

FÜR 6 WECKGLÄSER

- 250 g Sojasahne
- 180 g braunen Zucker
- 300 g Karotten, geraspelt
- 2 Bananen, reif und zerdrückt
- 140 g Mehl, glutenfrei
- 200 g Nüsse, gemahlen
- 50 g Sonnenblumenkerne
- 50 g Chiasamen
- 35 g Kakao
- 1 EL Backpulver
- 1 TL Natron
- 1 TL Zimt
- Etwas Öl zum Einfetten der Gläser

SO GEHT'S

Den Ofen auf 160 Umluft vorheizen.
Sojasahne steif schlagen, dabei den Zucker einrieseln lassen.
Alle anderen Zutaten vermengen und unter die Sahne heben.
6 Weckgläser einfetten und zu Zweidrittel mit dem Teig befüllen. Gläser auf ein Backblech stellen und bei 160 Grad ca. 25 und 30 Minuten backen.
Die Gläser noch heiß mit den Deckeln und Klammern verschließen.

Den Kuchen nehme ich zum Beispiel mit zum See, zum Picknick oder auf Wanderungen.

WALLFAHRTSORT
Die Barockkirche St. Coloman steht auf einem freien Feld. Am 2. Oktobersonntag wird das Colomansfest gefeiert, bei dem die Pferde gesegnet werden. (Siehe auch Foto S. 2). Zurückgeht dieses Fest auf den Mönch Coloman, der 1012 auf seiner Pilgerreise hier rastete, predigte, das Vieh hütete

Beim Landhannes

Wenn ein Bauernhof schon so lange im Familienbesitz ist wie der „Landhannes", hat man viel zu erzählen: „Mein Ururgroßvater gründete ihn 1812 und jede Generation hat den Hof etwas erweitert, ihn in die neue Zeit geführt. Conny Schön und ihr Mann Bennie sind jetzt für den Bio-Bauernhof, der auch Ferienwohnungen hat, verantwortlich. Sie schätzen ihre Tiere wert, bieten ihnen viel Auslauf, hofeigenes Grünfutter. Die Familie züchtet aussterbende Rinderrassen, wie Pinzgauer und Murnauer Werdenfelser. „Diese geben weniger Milch, doch dafür schmeckt sie besser. Auch das Fleisch ist butterzart", so die Conny.

Connys Ochsenschmortopf

DU BRAUCHST

FÜR 4 PERSONEN

- 1 kg Ochsenbraten, Schulter und Keule
- 1 Zwiebel
- 5 Knoblauchzehen
- 100 g Tomatenmark
- 1 Handvoll Pfefferkörner
- Etwas grobes Meersalz
- 250 ml Sahne
- 250 ml Gemüsebrühe
- 500 ml Rotwein

SO GEHT'S

Fleisch in große Würfel schneiden, etwas größer als beim Gulasch, in einen Bräter geben.
Darüber die geschälte, geviertelte Zwiebel, die geschälten Knoblauchzehen, Tomatenmark, Pfefferkörner, Meersalz geben. Mit Sahne, Gemüsebrühe und Rotwein aufgießen.
Ofen auf 150 Grad Ober-/Unterhitze vorheizen. Deckel auf den Bräter geben und das Fleisch bei 150 Grad ca. 3 Stunden schmoren lassen.

Genussstunde bei Sophie im Schlossbrauhaus

Hopfen und Malz, Gott erhalt's

Einfach gut kochen – drei Worte, die beschreiben, was Anna-Sophia Müller, Küchenchefin im Schlossbrauhaus, wichtig ist. „Ich koche ohne Schnickschnack", lächelt sie, „sondern geerdet, mit Leidenschaft und Produkten, die regional sind und zu unseren Jahreszeiten passen." Sie erzählt von ihrem spannenden Berufsweg: „Ich bin in der Schwangauer Drehhütte, die meine Eltern geführt haben, aufgewachsen und wusste schon als Kind, dass ich Köchin werden möchte." Dennoch studierte sie erst einige Semester Betriebswirtschaft und Soziologie, war in Neuseeland, arbeitete in der Sterneküche, kochte in einigen Allgäuer Hütten. Köchin ist noch immer ihr Traumberuf. Das schmeckt man! Für uns hat Sophie eine Bergkäsesuppe zubereitet. Eine der Zutaten: das gute Bier aus dem Schlossbrauhaus.

Allgäuer Bergkäsesuppe

DU BRAUCHST

FÜR 4 PERSONEN

- 100 g Sellerie
- 200 g Zwiebeln
- 200 g Lauch, nur das Weiße vom Lauch
- Etwas Butter
- 400 ml Bier
- 500 ml Wasser
- 200 ml Sahne
- 2 EL Crème fraîche
- Etwas Speisestärke
- 100 g Allgäuer Bergkäse, gerieben
- Salz
- Pfeffer, frisch gemahlen
- Muskat
- Majoran

SO GEHT'S

Sellerie, Zwiebeln, Lauch schälen, in grobe Stücke schneiden und in der Butter leicht anschwitzen. Mit Bier ablöschen, ca. 5 Minuten köcheln lassen. Wasser dazugeben und so lange kochen, bis das Gemüse weich ist.

Suppe pürieren, Sahne und Crème fraîche dazugeben, Suppe nochmals erhitzen, aber nicht mehr kochen. Wenn ihr die Suppe durch ein Sieb streicht, bekommt ihr eine schöne Konsistenz. Ich mache das nicht, weil dadurch auch immer etwas Geschmack verloren geht. Ich püriere die Suppe lieber länger. Jetzt die Suppe mit Speisestärke abbinden, geriebenen Käse darübergeben und einrühren. Mit Salz, Pfeffer, Muskat und Majoran abschmecken.

MEIN TIPP: Die Grundsuppe, also bis zu dem Rezeptschritt vor dem Käse, könnt ihr als Basis für Cremesuppen aller Art nehmen oder als weiße Grundsoße verwenden.

Ein herrlicher Platz zum Genießen: Willkommen im Biergarten des Schlossbrauhauses

Der Michael brennt für sein Handwerk

Diese Tropfen schickt der Himmel

Er versteht die Kunst des Brennens, seine erlesenen Destillate sind harmonisch und rein. „Ich nutze das alte Wissen und kombiniere es mit den Impulsen der Neuzeit", sagt Michael Schroll. Er arbeitet mit den besten Ingredienzen wie zum Beispiel der bayrischen Haselnuss, sie veredelt den Likör. Zur Auswahl der Brennerei Schroll gehören Vogelbeergeist, Weißbierbrand, Williams-Birnenbrand, Kräutergeist oder Schwangau Royal Gin. Seine wahre Schatzkammer aber liegt in 1700 Metern. Mit der Tegelbergbahn geht es hinauf ins Höhenlager. Dort oben finden sich Weinbrand, Rum, Whisky, die in Eichenholzfässern reifen. „Die Temperaturschwankungen zwischen minus 20 und plus 25 Grad sowie der Luftdruck intensivieren den Geschmack. Oft liegen meine Schätze hier Jahre", sagt Michael Schroll und lässt uns probieren. Ein erster Schluck, ein langer Hauch Glückseligkeit und man weiß: Diese Tropfen schickt der Himmel.

SCHROLL

hn
Haselnuss Likör
SCHROLL

Wh
Schwangau Dry Gin
SCHROLL
BK
Schwangau Royal Gin
SCHROLL

SCHROLL

Nusstorte à la Schroll

DU BRAUCHST

FÜR DEN TEIG

- 6 Eigelb
- 70 g + 70 g Zucker
- 6 Eiweiß
- 1 Prise Salz
- 200 g Haselnüsse, gemahlen
- 4 cl + 2 cl Haselnusslikör
- 1 EL Mehl

FÜR DIE FÜLLUNG

- 2 cl Haselnusslikör
- 1 l Sahne
- 200 g Schokoladenkuvertüre, zartbitter

- Beeren zum Verzieren

SO GEHT'S

Ofen auf 160 Grad Umluft vorheizen. Eigelbe mit 70 g Zucker schaumig schlagen. Eiweiße mit Prise Salz steif schlagen, dabei 70 g Zucker einrieseln lassen.
Nüsse, 4 cl Haselnusslikör, Mehl vermischen, Eigelb- und Eiweißmasse darunterheben.
Springform (26 cm) fetten, Teigmasse in die Form geben. Bei 160 Grad ca. 35 bis 40 Minuten backen. Boden mit 2 cl Haselnusslikör beträufeln und über Nacht durchziehen lassen.

Am nächsten Tag den Boden aus der Form nehmen, Boden nochmals mit 2 cl Haselnusslikör beträufeln. Sahne steif schlagen. Kuvertüre im Wasserbad schmelzen, etwas abkühlen lassen und unter die Sahne ziehen. Creme auf dem Boden verteilen oder mit einem Spritzbeutel aufspritzen, Ränder mit der Creme bestreichen. Nusstorte mit Beeren, wie Himbeeren, verzieren.

Eigentlich wollten wir auf diesem Bild die ganze Torte zeigen, doch die war so gut, dass wir die Hälfte schon gegessen hatten ...

NATURSPEKTAKEL
Der Herbstnebel spielt mit
der Natur, hüllt sie wie in eine
Wolldecke ein, bildet einen

Köstliche Grüße vom See

Wer das „Hotel Gasthof am See“ besucht, der wird reich beschenkt – mit einem Bilderbuchblick auf den Forggensee. Direkt am Ufer hat Familie Schneidberger vor 80 Jahren ihr Haus erbaut. Jetzt leiten es Astrid und Rainer Schneidberger in zweiter Generation, unterstützt werden sie von den Töchtern Melanie und Eva. 22 Zimmer und eine bayrische Küche erwarten die Gäste. Fürs Backen ist Astrid zuständig. „Mein Schwiegervater war Konditor und ich habe vieles von ihm gelernt“, sagt sie. „Für dieses Buch tische ich eine Heidelbeersahne und einen laktosefreien Nusskuchen auf. Lasst es euch schmecken.“

Nusskuchen

DU BRAUCHST

- 10 Eier
- 1 Prise Salz
- 400 g Zucker
- Mark von 1 Vanilleschote
- 400 g Mandeln, gemahlen
- 1 Pck. Backpulver

SO GEHT'S

Ofen auf 150 Grad Umluft vorheizen.
6 Eier trennen. Eiweiße mit Salz steif schlagen.
6 Eigelbe und 4 volle Eier mit Zucker und Vanillemark so lange schlagen, bis die Masse hell ist.
In diese Mischung die Mandeln sowie das Backpulver einrühren. Eischnee vorsichtig unterheben.
Die Masse in eine gefettete Springform (28 cm) füllen. Bei 150 Grad ca. 60 Minuten backen.

Heidelbeer-Sahne-Torte

DU BRAUCHST

FÜR DEN BISKUIT
- 6 Eier
- 240 g Zucker
- 1 Pck. Vanillezucker
- 180 g Mehl

FÜR DEN MÜRBETEIG
- 200 g Butter, kalt
- 100 g Zucker
- Prise Salz
- 1 Ei
- 300 g Mehl

FÜR DIE FÜLLUNG
- 1 l Sahne
- 1 Pck. Sahnesteif
- 300 g Heidelbeeren
- 2 EL Puderzucker
- 2 Blatt Gelatine
- Etwas Johannisbeermarmelade

SO GEHT'S

Ofen auf 160 Grad Umluft vorheizen. Für den Biskuit Eier, Zucker, Vanillezucker ca. 10 Minuten verrühren, dann das Mehl unterheben, nochmals kurz verrühren. Teig in eine gefettete Springform (28 cm) geben. Bei 160 Grad ca. 25 Minuten backen. Biskuit auskühlen lassen.

Für den Mürbeteig Butter in Würfel schneiden, mit Zucker, Salz, Ei, Mehl verkneten. In Klarsichtfolie wickeln. 30 Minuten im Kühlschrank kühlen. Danach den Teig in eine gefettete Springform (28 cm) geben. Im vorgeheizten Ofen bei 160 Grad Umluft ca. 20 Minuten goldbraun backen. Auskühlen lassen.

Biskuitboden waagerecht halbieren. Sahne mit Sahnesteif steif schlagen. Die Hälfte davon abnehmen. Heidelbeeren waschen, trocknen, 100 g Heidelbeeren mit einem Stabmixer und Puderzucker pürieren, unter die eine Hälfte der Sahne geben. Gelatine in Wasser einweichen, erhitzen, unter die Heidelbeersahne geben.

Mürbeteigboden auf einen Kuchenteller legen, mit Marmelade einstreichen. Eine Hälfte des Biskuits auf den Mürbeteigboden geben. Einen Tortenring umlegen. Die Sahne ohne Heidelbeeren auf dem Biskuit verteilen. 200 g Heidelbeeren (einige zum Dekorieren aufheben) darauflegen.

Der zweite Biskuit kommt darüber, mit Heidelbeersahne bestreichen. Mit Heidelbeeren und Blümchen verzieren.

Torte vor dem Servieren für ca. 60 Minuten in den Kühlschrank stellen.

VON RÄUCHERN UND RAU(CH)NÄCHTEN

Seit vielen Jahren beschäftigt sich Nicole Gebler – wir haben sie auf den Seiten 22/23 in ihrem Garten bereits kennengelernt – mit dem Thema Räuchern. „Es begleitet die Menschen, seitdem es das Feuer gibt", erklärt sie. „Noch unsere Großmütter vor allem auf dem Land haben regelmäßig ihre Häuser ausgeräuchert, um sie von schlechten Energien zu befreien, den Geist zu klären, Krankheiten abzuwenden. So werden getrockneter Salbei und Beifuß zum Reinigen von Haus und Hof verwendet. Engelwurz benutzt man, wenn jemand verstorben ist. Warum? Seine Seele wird so leichter in die andere Welt hinübergehen."
Ein Thema, das sie auch begleitet: die Jahreskreisfeste und die Rau(ch)nächte. Diese 12 Nächte vom 26. Dezember bis 6. Januar stehen symbolisch für jeden Monat des Jahres. Die Zeit „zwischen den Jahren" ist eine mystische und eine Art Schwellenzeit. Man lässt das alte Jahr hinter sich, verabschiedet sich von alten Lasten und Gewohnheiten und wendet sich dem neuen Jahr und neuen Zeiten zu. „Ich finde es wichtig, dass wir uns auf das Wissen unserer Vorfahren besinnen, dankbar und voller Respekt altes Brauchtum in unser Leben flechten", sagt Nicole.

BOTSCHAFTEN AUF KARTEN
Nicole ist gelernte Grafikerin und hat diese Karten – unter anderem zu den Rau(ch)nächten – gestaltet und geschrieben. Sie erzählen von alten Ritualen, Kräutern, der Symbolik von Farben

RÄUCHERKUNDE
In ihrem Laden „Beim Elle" berät Nicole die Kunden zum Thema Räuchern, bietet verschiedene Kräuter, Räucherschalen, Harze, Fachliteratur an

Mit dem Hühnermobil auf saftige Wiesen

Dieses Federvieh ist gern auf Achse

Punkt 10 Uhr geht's an die frische Luft! „Dann öffnen sich die Klappen von unseren Hühnermobilen und 660 Hühner freuen sich auf ihren Tag in der Natur, picken eifrig das Gras", erklärt Bene Helmer. Zum Sonnenuntergang läuft das Federvieh zufrieden zurück in den mobilen Stall. Denn da brennt das Licht und dort fühlen sich die Hühner wohler. „Ich versorge sie gemeinsam mit meinem Cousin Magnus und meiner Frau Andrea", sagt Bene. „Die Idee entstand, weil wir gern wollten, dass die Leute sehen, woher die Eier kommen, dass es unseren Tieren gut geht. Wir versetzen das Mobil jede Woche, das macht zwar mehr Arbeit, doch so schonen wir die Wiesen, erhalten ihr Grün." Die Eier gehen zu ausgesuchten Schwangauer Hotels, sind am Automaten im Mitteldorf oder auch in der Schlossbackstube zu kaufen. – Und bei jedem Bissen schmeckt man, dieses Ei hat ein glückliches Helmer-Huhn gelegt.

Eier im Schokonest

DU BRAUCHST

FÜR DEN BISKUIT

- 5 Eier
- 200 g Zucker
- 350 g Mehl
- 1 Pck. Backpulver

FÜR DIE FÜLLUNG

- ½ l Milch
- 1 Pck. Vanillepudding-pulver
- 250 g Butter, sehr weich
- 100 g Puderzucker
- 1 kleine Dose Ananas-stücke
- 1 Tasse Rum

ZUM VERZIEREN

- 1 Pck. Zartbitterkuvertüre
- Etwas weiße Schokolade

SO GEHT'S

Ofen auf 160 Grad Umluft vorheizen. Für den Biskuit Eier trennen, Eiweiße anschlagen, nach und nach den Zucker dazu, dann die Eigelbe. Mehl mit Backpulver mischen, vorsichtig unterheben.

Masse in eine gefettete Springform (26 cm) füllen. Bei 160 Grad ca. 30 bis 40 Minuten backen. Biskuit nach dem Backen einen Tag stehen lassen.

Am nächsten Tag aus Milch und Puddingpulver einen Pudding kochen, etwas abkühlen lassen. Butter mit Puderzucker schaumig schlagen, zum abgekühlten Pudding geben.

Ananasstücke abtropfen lassen.

Eine Salatschüssel mit Frischhaltefolie auslegen. Biskuit aus der Form lösen, einen dünnen Boden abschneiden, den Rest in grobe Stücke zerbrechen und mit einer Tasse Rum übergießen. Biskuitstücke, Ananasstücke und Puddingcreme mischen und in die Schüssel mit der Frischhaltefolie geben. Biskuitboden auflegen.

Eine Tortenplatte auf die Schüssel setzen, Kuchen stürzen.

Kuchen noch eine Nacht in den Kühlschrank stellen und dann mit Zartbitterkuvertüre überziehen und mit weißen Schokospänen garnieren.

Wochenend
und
Sonnenschein

Heute machen wir Picknick

Ach, was ist das für ein herrlicher Sonnentag! Es duftet nach frisch gemähtem Gras, das Grün auf den Wiesen gleicht einem wunderbar weichen Teppich – wollen wir heute ein Picknick machen? Lasst uns doch schnell ein paar Leckerbissen vorbereiten. Was nehmen wir mit? Obst, Gemüsesticks, Käsesalat, Brot, Tomatenaufstrich, als Dessert vielleicht einen Käsekuchen oder einen Schokopudding? Die Picknickdecke nicht vergessen, das Lieblingsbuch und die Sonnenbrille. Wo geht es hin? Hier ein paar Tipps von den Schwangauern:

- *Die Wiese „Brunner Spitz" am Forggensee*
- *Die Wiese im Schwanseepark*
- *Die Wiese im Kurpark*
- *Die Wiese am Alpsee*
- *Die Wiese am Bannwaldsee*

WIE GEMALT
Der Blick auf den Forggensee und im Hintergrund die Tannheimer Berge von der Gehrenspitze bis zum Aggenstein

Oma Adeles Käsesalat

FÜR 4 WECKGLÄSER BRAUCHST DU

• 300 g Bergkäse • 1 rote Paprika • 1 gelbe Paprika • 1 grüne Paprika • 4 große Essiggurken • 100 g gekochten Schinken • 1 Bund Schnittlauch • 3 EL Kräuteressig • 3 EL Olivenöl • 1 Tasse Essiggurkenwasser • Salz, Pfeffer

SO GEHT'S

Käse in Würfel schneiden. Paprika waschen, klein schneiden. Essiggurken und Schinken würfeln. Schnittlauch waschen, trocken schütteln, in Ringe schneiden. Alles in eine Schüssel geben, Essig, Öl, Gurkenwasser hinzufügen. Vorsichtig vermengen. Mit Salz und Pfeffer abschmecken. Auf die Gläser verteilen, mit Deckeln und Klammern verschließen.

Rosis Tomatenaufstrich

FÜR 2 WECKGLÄSER BRAUCHST DU

• 300 g Frischkäse • 1 EL Oregano • 3 EL Tomatenmark • Prise Zucker • 1 TL Kräutersalz • 1 EL Olivenöl • 1 TL Zitronensaft • 10 grüne Oliven, in kleine Scheiben geschnitten

SO GEHT'S

Ist ganz einfach! Alle Zutaten in eine Schüssel geben und gut vermengen – am besten mit dem Mixer. In zwei Weckgläser abfüllen und mit Deckeln und Klammern verschließen.

Schokopudding

FÜR 4 WECKGLÄSER BRAUCHST DU

• 100 g Zartbitterschokolade • 500 ml Milch
• 25 g Stärke • 25 g Zucker • 25 g Kakaopulver

SO GEHT'S

Schokolade in Stücke brechen. Von der Milch 4 EL abnehmen, den Rest im Topf zum Kochen bringen, Schokoladenstücke dazugeben, dabei immer wieder umrühren. Die restliche Milch mit Stärke, Zucker, und Kakaopulver verrühren, in die kochende Milch geben. Kurz unter Rühren aufkochen. Den Pudding in die Weckgläser füllen, abkühlen lassen und mit Deckeln und Klammern verschließen.

TIPP: In den Pudding 2 Tropfen Orangenöl während des Aufkochens geben.

Käsekuchen im Glas

FÜR 4 WECKGLÄSER BRAUCHST DU

FÜR DEN BODEN • 110 g Haferkekse • 100 g Butter, weich

FÜR DIE FÜLLUNG • 500 g Magerquark
• 300 g Frischkäse • 80 g Zucker • 3 Eier
• Etwas Vanillezucker • Etwas Schale von 1 Bio-Zitrone

SO GEHT'S

Ofen auf 160 Grad Umluft vorheizen. Kekse in einen Beutel geben und fein zerdrücken. Mit der Butter mischen und als Boden in die 4 Gläser drücken.

Quark, Frischkäse, Zucker, Eier, Vanillezucker, Schale der Zitrone verrühren, auf die Gläser verteilen. Bei 160 Grad ca. 35 Minuten backen. Dann sofort die Glasdeckel aufsetzen. **TIPP:** Mit Beeren, Aprikosen belegen.

Das Rübezahl tischt auf

Genüsse für Gourmets

Der Hotelname macht neugierig: Rübezahl – wie kommt ein Rübezahl ins Allgäu? Die Antwort gibt Hotelchef Erhard Thurm: „Meine Eltern waren aus dem Riesengebirge. Als sie 1959 in Schwangau ihre Wirtschaft mit Pension eröffneten, nannten sie diese Rübezahl, eine Hommage an die Heimat.“ Mit Fleiß und festem Willen arbeiteten Herbert und Hildegard an ihrem Erfolg. Er war Bäcker, sie hatte zuvor dem Pfarrer den Haushalt geführt. Erhard Thurm, er ist übrigens im Zimmer 4 der Pension geboren, lernte Koch, besuchte die Hotelfachschule, trat in die Fußstapfen der Eltern und baute mit Ehefrau Giselle „Das Rübezahl“ zum Luxushotel aus, auch führen sie die Rohrkopfhütte. An Bord: Sohn Alexander als Geschäftsführer. Die Küche des Hotels ist exzellent, man greift gerade im Restaurant „Gams & Gloria“ nach den Sternen. Für uns hat Chef-Pâtissière Venelina Dessertvariationen aus Honig gezaubert. Der kommt aus dem eigenen Bienenhaus, in dem 200.000 emsige Bienen in Geberlaune sind.

Von Honig und Bergen inspiriert

HONIGMOUSSE

DU BRAUCHST
FÜR 5 BIS 6 PERSONEN
• 200 ml Sahne • 3 Blatt Gelatine • 3 Eigelb • 100 ml Milch • 10 g Zucker • 100 g Honig • 200 g weiße Schokolade • 100 g Mascarpone • 1 Pck. Vanillezucker • Prise Salz • 10 ml Whisky oder Rum (optional)

SO GEHT'S Sahne steif schlagen. Gelatine in kaltes Wasser einweichen. Eigelbe, Milch und Zucker in eine Pfanne geben und kurz aufköcheln lassen. Danach die ausgedrückte Gelatine hinzufügen, einrühren, vom Herd nehmen. Sahne, Honig, Schokolade, Mascarpone, Vanillezucker, Salz in eine Schüssel geben, die noch warme Eigelbmischung hinzufügen, alles mit dem Rührgerät vermengen. Zum Schluss Whisky oder Rum unterheben. Die Mousse kalt stellen.

HONIG-COMB

DU BRAUCHST • 40 ml Wasser • 200 g Zucker • 50 g Honig • 50 g Glukose • 5 g Speisestärke

SO GEHT'S Wasser, Zucker, Honig, Glukose in eine Pfanne geben, leicht erhitzen und vorsichtig umrühren, bis die Masse karamellisiert. Dann die Speisestärke hinzufügen und fix unterrühren. Ein Blech mit Backpapier auslegen, Mischung schnell auf dem Blech verteilen. Auskühlen lassen und vor dem Servieren in kleine Stücke schneiden.

PFIRSICH-HONIG-SORBET

DU BRAUCHST • 330 ml weißes Pfirsichpüree • 300 ml Wasser • 100 g Zucker • 5 ml Zitronensaft • 100 g Honig • Prise Schwarzer Pfeffer

SO GEHT'S Alle Zutaten in eine Pfanne geben, bei niedriger Hitze langsam aufkochen. Das Sorbet in eine Schüssel geben und einfrieren.

HONIGGELEE

DU BRAUCHST • 2 Blatt Gelatine • 100 g Honig • 100 ml Wasser • 1 Vanilleschote • Prise Salz

SO GEHT'S Gelatine in kaltes Wasser einweichen. In einer Schüssel die restlichen Zutaten vermengen und dann die ausgedrückte Gelatine hinzufügen, unterrühren. Ein Blech mit Öl einreiben, damit das Gelee nicht klebt – oder ein Backblech aus Silikon verwenden. Die Masse auf das Blech streichen, kühl stellen. Vor dem Servieren in Stücke schneiden.

Zu Gast bei Liz Helmer

So fühlt sich Heimat an

Liz Helmer, die mit ihrem Mann Martin und der Familie das Hotel „Helmer beim Schneiderhanser" führt, hat drei Leidenschaften: Autos, Trachtennähen, Backen! Über die beiden letzten möchten wir mit ihr sprechen. Beginnen wir mit dem Backen, „reden kann man viel, am besten ihr probiert, was ich aus dem Ofen geholt habe", sagt Liz und reicht uns Datschi und Kleckselkuchen. Der schmeckt! Datschi ist ein Klassiker, doch über den Kleckselkuchen wollen wir mehr wissen. „Er heißt so", erklärt sie, „weil man den Belag aus Mohn, Quark, Pflaumenmus auf ihn kleckst." Bekommen wir das Rezept? – „Aber klar, Gutes soll man teilen!"

Traditionen bewahren

DIE LIZ GEHT AUF ZEITREISE

Auf dem Foto sehen wir Liz in ihrer selbst genähten, erneuerten, historischen Schwangauer Tracht. Sie erklart: „1985 haben Josefine und Luis Sauerwein diese Tracht wiederentdeckt. In der Colomanskirche war sie auf Votivtafeln des 18. und 19. Jahrhunderts sowie auf alten Fotos zu sehen. Ich trage das Tanzlgwand mit Mieder, Leinenbluse, Florentiner Hut." Liz ist Mitglied in der „Vereinigung Historische Trachten von Altbayern", setzt sich dafür ein, dass dieses Kulturgut erhalten bleibt. Wie fühlt sie sich im Tanzlgwand? „Ich habe eine ganz andere Haltung, aufrechter, erhabener. Kleider machen eben Leute."

Kleckselkuchen und Datschi

DU BRAUCHST

FÜR DEN HEFETEIG

- 500 g Mehl • ½ Würfel Hefe • 60 g Zucker
- 200 ml Milch, lauwarm
- 80 g Butter, weich
- 1 Ei • 2 Msp. Salz

FÜR DIE MOHNMASSE

- ½ l Milch • 40 g Butter
- Etwas abgeriebene Schale von 1 Bio-Zitrone
- 60 g Hartweizengrieß
- 200 g Mohn, gemahlen
- 100 g Zucker • 2 Eier
- Schuss Rum-Aroma
- 2 Messerspitzen Zimt

FÜR DIE QUARKMASSE

- 500 g Quark • 2 Eigelb
- Etwas Milch
- 1 Pck. Vanillezucker
- 2 Eiweiß • 100 g Zucker
- 150 bis 200 g Pflaumenmus

FÜR DIE STREUSEL

- 200 g Mehl • 120 g Butter, kalt, gewürfelt • 100 g Zucker • 3 TL Vanillezucker

SO GEHT'S

Für den Teig Mehl in eine Schüssel geben, Mulde formen, Hefe, Zucker, 100 ml Milch hineingeben, leicht verrühren, ca. 10 Minuten gehen lassen. Dann Butter, Ei, Salz, restliche Milch hinzufügen, verkneten. Teig ca. 30 Minuten gehen lassen.

Für die Mohnmasse Milch, Butter, Zitronenschale zum Kochen bringen, Grieß einrieseln lassen, unter Rühren zum Brei kochen. Vom Herd nehmen, Mohn, Zucker, Eier, Rum-Aroma, Zimt hinzufügen, unterrühren.

Für die Quarkmasse Quark, Eigelbe, Milch und Vanillezucker verrühren. Eiweiße mit Zucker steif schlagen, unter die Quarkmasse heben.

Alle Zutaten für die Streusel mit der Küchenmaschine zu Streuseln verarbeiten.

Ofen auf 160 Grad Umluft vorheizen. Hefeteig auf einer bemehlten Arbeitsfläche ausrollen. Blech mit Backpapier belegen, Teig aufs Blech geben. Mit einem Esslöffel „Kleckse" von der Mohn- und der Quarkmasse sowie dem Pflaumenmus dicht an dicht auf den Teig geben. Zum Schluss Streusel darüber verteilen. Bei 160 Grad ca. 40 Minuten backen.

Für den Datschi belege ich den Hefeteig mit ca. 1,5 kg entsteinter Zwetschgen, die ich wie eine Ziehharmonika auseinanderziehe, bestreue sie dann mit 50 g Zimtzucker und backe den Datschi bei 160 Grad ca. 40 Minuten. Nach dem Auskühlen bestreiche ich die Zwetschgen mit heißer, passierter Aprikosenmarmelade und bestreue sie mit Hagelzucker.

IM HIRTENGLÜCK
So sieht ein Mensch aus, der seine Arbeit liebt. Christian wusste schon als Bub, dass er eines Tages Hirte sein wird – wie einst sein Vater

EIN FRÜHER HERBST-MORGEN UNWEIT DES SCHLOSSES ...

Die Sonne versteckt sich noch hinter den Bergrücken, Tau liegt auf dem Gras, doch das Läuten der Kuhglocken dringt schon in den frühen Herbstmorgen. Christian Driendl treibt seine 80 Kühe auf eine Weide unterhalb von Neuschwanstein. Er lebt in und mit der Natur, liebt jede Jahreszeit. „Wenn im Frühling die Blumen sprießen, im Sommer Grillen singen, sich im Herbst Blätter färben oder im Winter der Schnee fällt – als Hirte nimmst du alles genau wahr." Der Beruf wurde ihm in die Wiege gelegt. Sein Vater war Hirte im Kenzengebiet, dort ist Christian aufgewachsen. Sein Hirtenjahr beginnt mit 200 Tieren, die den Pistenstreifen an der Rohrkopfhütte abwärts abweiden. Später gehen 120 davon auf die Jägerhütte (1422 Meter). Bei Christian auf der Reith-Alpe bleiben Kälber, Muttertiere, die Nachwuchs bekommen, kranke Tiere. Auf diese achtet der gute Hirte bei Tag und Nacht. Oft schläft er draußen, schaut in den weiten Sternenhimmel, freut sich auf den nächsten Tag.

IM SOMMER
Eine Kuh macht Muh, viele Kühe machen Mühe – bis zu 80 Tiere gehören zur Herde

SCHLOSSWEIDE
... könnte man diesen Platz nennen. In Christians Tasche ist immer Salz. Das lieben die Tiere, damit kann er sie von gefährlichen Plätzen weglocken

DER TAG GEHT SCHLAFEN
Langsam verabschiedet sich die Sonne hinter dem Forggensee und färbt den Himmel abendrot

ADRESSEN

Beim Elle
Münchener Straße 13
87645 Schwangau
Tel. 08362/986513
Mail: info@kunstgewerbe-gebler.de

Beim Landhannes
Am Lechrain 22
87645 Schwangau-Horn
Tel. 08362/8349
www.landhannes.de

Blumenstube Schwangau
Münchener Straße 12
87645 Schwangau
Tel. 08362/987049
www.blumenstube-schwangau.de

Brennerei Schroll
Gipsmühlweg 5
87645 Schwangau
prosit@brennerei-schroll.de
www.schroll.bayern

Das König Ludwig
Kreuzweg 15
87645 Schwangau
Tel. 08362/8890
www.koenig-ludwig-hotel.de

Das Rübezahl
Am Ehberg 31
87645 Schwangau
Tel. 08362/8888
www.hotelruebezahl.de

Hotel Gasthof am See
Forggenseestraße 81
87645 Schwangau-Waltenhofen
Tel. 08362/93030
www.hotel-schwangau.de

Hotel Helmer
Mitteldorf 10
87645 Schwangau
Tel. 08362/9800
www.hotel-helmer.de

Hotel Helmerhof
Frauenbergstraße 9
87645 Schwangau
Tel. 08362/98350
www.helmerhof.de

Hotel Müller Hohenschwangau
Alpseestraße 16
87645 Hohenschwangau
Tel. 08362/81990
www.mueller-hohenschwangau.de

Hotel Steiger
Frauenbergstraße 52 b
87645 Schwangau
Tel. 08362/81067
www.hotelsteiger.de

Konditorei Zuckerkuchen
Tel. 08362/7059889
www.steffis-zuckerkuchen.cafe

Ladencafé im Landgarten
Kreuzweg 18
87645 Schwangau
Tel. 08362/8705
www.landurlaub-schwangau.de

Museum der bayerischen Könige
Alpseestraße 27
87645 Hohenschwangau
Tel. 08362/9264640
www.schwangau.de/koeniglich/
museum-der-bayerischen-koenige

Reith-Alpe
www.reithalpe-schwangau.de

Schlossbrauhaus, Bäckerei, Eis
Gipsmühlweg 5
87645 Schwangau
Tel. 08362/9264680
www.schlossbrauhaus.de

Schönegger Käse Alm
Unterdorf 1
87645 Schwangau
Tel. 08362/9395483
www.schoenegger.com/
kaese-almen/schwangau

Tegelbergbahn
Tegelbergstraße 33
87645 Schwangau
Tel. 08362/98360
www.tegelbergbahn.de

Tourist Information Schwangau
Münchener Straße 2
87645 Schwangau
Tel. 08362/81980
www.schwangau.de

Yoga Forggensee
Im Buigen 22
87645 Schwangau
Tel. 01575/4009454
www.yoga-forggensee.de

REZEPTREGISTER

Allgäuer Bergkäsesuppe 71
Allgäuer Räucherforellentatar 48
Backe vom heimischen Rind 28
Birnen-Dinkel-Kuchen 55
Blütenkekse 44
Connys Ochsenschmortopf 69
Die Seelen vom Josef 13
Eier im Schokonest 85
Gartenkuchen 24
Gelber Schbrudlkuchen 15
Heidelbeer-Sahne-Torte 80
Kaiserschmarrn 38
Käsekuchen im Glas 89
Käsekuchen im Topfenrausch 10
Kirsch-Schmand-Kuchen 54
Kleckselkuchen und Datschi 96
König-Ludwig-Leabla 32
Ludwigs Lieblinge 60
Margits Schneebälle 56
Nusskuchen 79
Nusstorte à la Schroll 75
Oma Adeles Käsesalat 88
Pfifferlingstaler 18
Rosis Tomatenaufstrich 88
Rüblikuchen im Glas 65
Schokoladeneis 34
Schokopudding 89
Schwangauer Musiktorte 31
Schwangauer Sommerzeit 63
Von Honig und Bergen inspirierte Dessertvariationen 92

Weitere Bücher aus dem indigo Verlag

Zum Stöbern gern auf unsere Homepage schauen: **www.indigo-verlag-heuer.de**

IMPRESSUM

INDIGO VERLAG
Hundshager Weg 15
D-65719 Hofheim/Taunus
Telefon: 06192/2001222
www.indigo-verlag-heuer.de

PRODUKTION/TEXTE: Ina Heuer
FOTOS/TITEL: Ralf Krein,
Das König Ludwig (3), Das Rübezahl (4),
Hotel Helmerhof (2), Hotel Gasthof am See (3),
Hotel Helmer (2), Hotel Müller (3), Hotel Steiger (2), Margit Kiefer (1), Schlossbrauhaus/Gerhard Bumann (1), Tegelbergbahn/Michael Helmer (1), Tourist Information Schwangau (2)
GRAFIK: Claudia Obertaxer
SCHLUSSREDAKTION: K+H Pressebüro
DRUCK: fromm + rasch

Dieses Buch ist klimaneutral gedruckt.

indigo